DIANDRA VOIGT

Maskenball

DIANDRA VOIGT

Maskenball

Impressum
Copyright: © 2016 Diandra Voigt
Herstellung und Verlag: BoD – Books on Demand, Norderstedt

Cover: Diandra Voigt

ISBN: 9783743117464

Das Werk, einschließlich seiner Teile, ist urheberrechtlich geschützt. Jede Verwertung ist ohne Zustimmung des Verlages und des Autors unzulässig. Dies gilt insbesondere für die elektronische oder sonstige Vervielfältigung, Übersetzung, Verbreitung und öffentliche Zugänglichmachung.

Bibliografische Information der Deutschen Nationalbibliothek:

Die Deutsche Nationalbibliothek verzeichnet diese Publikation in der Deutschen Nationalbibliografie; detaillierte bibliografische Daten sind im Internet über http://dnb.d-nb.de abrufbar.

Mach dein Leben nicht zu einem Maskenball.
Denn wenn du Pech hast, verlierst du dabei dein Gesicht.

Du gehst vor die Tür.
Ich meine du gehst vor die Tür, aber was passiert davor?
Du willst vor diese Tür treten. Raus. Raus in dieses Leben.
Von dem alle reden. Also ziehst du dich an.
Du trägst eine Hülle um dich herum. Verhüllst du dich?
Du wählst sie sorgfältig aus. Oder nachlässig.
Bist du denn nachlässig?
Du trägst dir ein zweites Gesicht auf. Ein zweites Gesicht.
Gefällt dir jetzt was du siehst?
Wie fühlt sich deine Maske für dich an?
Du gehst zu der Tür. Diese Tür die doch gar keine Tür ist.
Diese Tür die doch du bist.
Du kannst dich öffnen und schließen. Und manchmal treten Leute durch dich hindurch.
Manchmal bleiben sie in dir drin stehen. Verweilen.
Du enthüllst dich.
Schicht für Schicht.
Wort um Wort.
Du zeigst dich.
Nie so wie du wirklich bist.
Du zeigst dich.

Wir tragen alle Masken. Und manchmal frage ich mich ob darunter noch ein Gesicht ist.

Wie du gerne wärst. Wie sie dich sehen sollen. Wie du sein möchtest.
Aber vielleicht mögen diese Leute, die dich mögen sollen, gar nicht diesen Menschen der du sein willst. Sondern dich.
So wie du eben bist.
Nicht perfekt. Nicht gemalt.
Sondern gezeichnet.

Vom Leben das dich geprägt hat.
Du trägst die Stempel auf der Haut.
Ja auch die der Clubs der letzten Nacht.
Und die kleine Narbe am Knie. Die an deiner Stirn, die dein Pony doch nie überdeckt. Die auf deinem Herz von ihm und ihm und auch von ihr.
Es ist schon so lange her. Zählt fast nicht mehr.
Zählt jeden Tag mehr, an dem du bestehst.
Manchmal willst du dich entkleiden.
Willst dein wahres Gesicht zeigen.
Du willst das alles fällt.
Das Spiel und die Maske.
Doch dann fragst du dich.
Ist unter dieser Maske ein Gesicht?

Kannst du mich entkleiden, ohne mich zu entblößen?
Kannst du mich erkennen, ohne mich zu interpretieren?
Kann ich dir mehr von mir Preisgeben, ohne mich zu verkaufen?
Sollst du sehen, was ich selbst nicht betrachten kann?
Weißt du wie mein Herz schlägt, wie mein Atem geht?
Weißt du wann es unter meiner Oberfläche brennt und weißt du wie du die Flammen zügeln kannst?
Weißt du wer ich bin?
Ich meine weißt du wer ich wirklich bin?
Kannst du das wissen?
Will ich das du es weißt?
Und wenn nicht.
Ist es dann meine Schuld?

Kannst mich entkleiden?

Weiß ich wer du bist?
Weiß ich wer du sein willst? Und will ich das du zu diesem Menschen wirst?
Kann ich dich erkennen? Mit geschlossenen Augen meine ich.
Mit verschlossenen Mündern die Worte erkennen.
Müssen wir reden um uns zu verstehen?
Müssen wir uns sehen um zu erkennen?
Müssen wir uns berühren um uns zu spüren?
Müssen wir uns entkleiden um nackt zu sein?

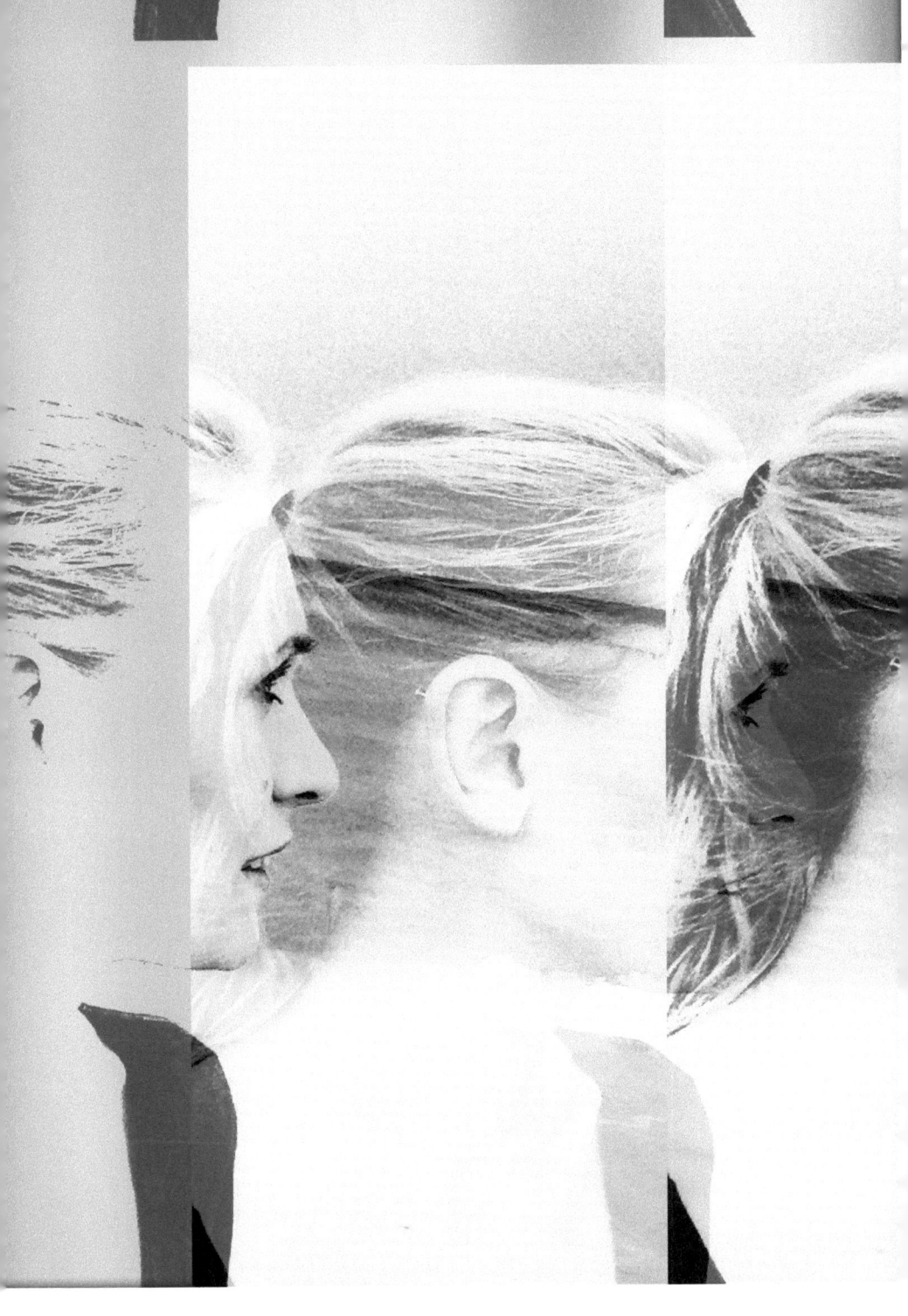

Er liebt sie nicht.

Er liebt.
Sie nicht.

Ist es ein Geschenk durchschaut zu werden?
Macht dir dieser Gedanke Angst oder beruhigt sich dein Puls, weil endlich jemand sieht.
Weil endlich jemand durch dich in dich hinein und nicht immer bloß durch dich hindurch sieht.
Hörst du das Rauschen schon in deinen Ohren. Dieses Rauschen das sich wie Panik anfühlt.

Tut es dir weh durchschaut zu werden?

Oder ganz vielleicht auch wie Geborgenheit.
Ein Rauschen vom linken ins rechte Ohr. Von deinem kleinen Zeh bis zu jeder einzelnen Haarspitze.
Hörst du dieses raue flüstern, das durch deine Adern kriecht.
Wenn da jemand ist, der sagt ich sehe dich.
Ich weiß genau was du da treibst.
Ich erkenne dein Spiel.
Ja, ich durchschaue dich.
Was flüstert es dir zu?
Renn, renn so weit du kannst, halte nicht an.
Bleib, bleib hier, sei dankbar für jedes Wort.
Jedes Wort das von dir spricht und sich zu dir bekennt.
Tut es dir weh durchschaut zu werden?
Ist es ein Geschenk?

**Liebe mich wer kann.
Mich aushalten.**

**Weil wir die Welt sehen,
wie wir sind.
Sehe ich dich so,
wie ich bin.**

Sieh nur wie die Stadt verschwindet.
Hier oben auf dem Dach.
Sieh doch nur all die kleinen Menschen.
Mit ihren kleinen Leben.
Wie wir daneben stehen.
Völlig fremd.
Für all die anderen.
Und so bekannt für uns.
Wir, hier oben auf dem Dach. So hoch über dieser lauten Stadt.
Schmeckst du die Luft? Schmeckst du die Zukunft, die uns vereint?
Erkennst du mich hier oben?
Wo uns nichts ablenkt.
Sieh nur wie leise sie sein kann.
Diese Welt. Die rast und rennt und hetzt und stresst und für niemanden anhält.
Die Zeit verliert sich.
In uns und um uns herum.
Sie hat kein Kontingent frei um zu verschwinden, aber wir haben genug Mut um sie zu verdrängen.
Hier mit dir über den Dächern der Stadt.
Stell dich an den Rand.
Wird dir schwindelig?
Bist du schwindelfrei?
Frei von Lügen.
Frei von der Angst die Lügen lässt.
Die das Lügen lässt.

Frei von der
Angst die
Lügen lässt.
Die das Lügen
lässt.

Du brauchst mich.

Viel weniger als ich dich.

Wie viel ist dir deine Maskerade wert?
Mehr als ich?
Mehr als ich bereit bin zu zahlen?
Wie hoch ist der Preis den du zu zahlen hast um vor mir du selbst zu sein?
Hast du genug zu geben?
Hast du genug Mut mich anzunehmen?
Sie wollen dich verbiegen.
Sie wollen deine Synapsen verschieben, dein Handeln verdrehen.
Dir wird schwindelig.
Ich drehe mich schon so lange im Kreis.
Bleib stehen.
Ich bleibe stehen.
Vor dir.
Zentimeter die uns trennen.
Und Jahre die wir voneinander nicht kennen.
Gedachte Gedanken die niemals Worte werden.
Brauchen wir Worte?
Wir brauchen nur uns.
Lass die Maskerade fallen.
Lass dich fallen.
Lass mich fallen.
Lass uns nicht verstecken spielen sondern fangen.

Lass uns nicht verstecken spielen. Sondern fangen.

Lüg doch einfach.

In ein anderes Gesicht.

Hör nicht auf mich.
In Versuchung zu führen.

Ich mag dich.
Von ganzem Herzen nicht

wo alle Saiten gerissen sind, spielt noch immer unsere Melodie.

Hier spielt die Musik.
Im falschen Takt.
Aber die Zeit die stimmt.
Die Uhr schlägt.
Ausnahmsweise nicht um sich.
Hier spielt die Musik.
Da wo du bist.
Da wo du mit mir bist.
Der Beat der durch Adern pumpt.
Spürst du wie sie pulsiert, die Zeit, um uns herum.
Da wo alle Saiten gerissen sind, spielt noch immer unsere Melodie.

dann bewegen sich ihre Wimpern abwärts und bleiben auf den Schatten liegen. Und dann, wenn sie sich erheben
ben, ist ihr Blick ein ganz anderer.

Wenn sie sich offenbaren könnte, würde, wollte, dann nur ihm gegenüber. Wenn sie den Mund öffnet und Worte hervorholen will, dann verschluckt sie sich. Wenn sie es ihm zeigen will, diesen Teil von sich, den sie niemanden, nur ihm zeigen will, dann scheitert sie bereits bevor sie es auch nur versucht. Wenn sie ihm mit der ganzen und nichts als der Wahrheit entgegen treten will, dann bewegen sich ihre Wimpern abwärts und bleiben auf den Schatten liegen. Und dann, wenn sie sich erheben, ist ihr Blick ein ganz anderer. Dieser Blick ist ihm so vertraut, denn der Versuch ist kein neuer. Er weiß bereits, dass da mehr ist. Hinter diesem Blick. Hinter all den Worten, die zu wenig sagen und zu viel meinen. Doch es ist nicht an ihm. Es ist an ihr, das Schweigen zu brechen. Sie würde, könnte, wollte ja. Wenn er ihr nur ein Zeichen geben würde, ein Zeichen, das ihr den Mut gibt, dieses Schweigen zu brechen. Und er zeigt ihr so vieles und erzählt noch viel mehr wichtiges und ist immer da, so richtig da. Und sie wartet ohne zu sehen, ohne zu erkennen, wie sehr er zu ihr steht. Wie sehr er hinter und vor ihr und neben ihr steht.

Liebe fühlt sich an wie das feststecken der Bettdecke.
Liebe giert nicht nach Erwiderung.
Liebe ist kein Besitz.
Liebe gibt frei und verlangt danach frei zu sein.
Liebe ist niemals kleiner als einer.
Liebe vervielfacht sich durch Teilen und ist somit nicht berechenbar.
Liebe funktioniert nicht eigennützig.
Liebe funktioniert nur uneigennützig.
Liebe ist immer mehr Gefühl als Wort.
Liebe unterwirft und unterwirft sich nicht.
Liebe ist haltbar ganz ohne Berührung.
Liebe gelingt nicht, wenn sie nicht bei dir selbst beginnt.
Liebe endet nicht, aber wandelt sich ohne Pflege.
Liebe zu verlangen um Liebe zu empfangen ist ein einsames Unterfangen.
Liebe hört nicht auf Worte.
Liebe und Achtsamkeit müssen gleichberechtigt nebeneinander stehen.
Liebe gibt es nicht auf dem Wühltisch.
Liebe zeigt sich auch, wenn du die Augen schließt.
Liebe, um sie muss nicht gekämpft werden, sie soll beschützt und geachtet werden.
Liebe ist Heimat.
Liebe ist ein Zuhause.
Liebe verzeiht Fehler nicht, sie akzeptiert sie als ein Teil.
Liebe kann man nicht reklamieren.
Liebe, man schließt sie jeden Tag, ganz ohne Vertrag und Gelöbnis.

Achtsamkeit. Symbiose. Begehrlichkeit. Vertrautheit. Achtgeben. Behaglich. Empfindungsvermögen. Empfindsamkeit. Beständigkeit. Bündnis. Biochemie. Bindungswort. Geheimpakt. Endorphine. Entschleunigung. Anfangsworte. Zuhause. Ankommen. Gemeinsamkeit. Teilen. Hingabe. Zweisamkeit. Parallel. Aufrichtig. Ehrlichkeit. Langlebig. Ergänzend. Freigiebig. Verbindung. Einzigartigkeit. Regellos. Verbindlichkeit. Körpersprache. Umgangssprache. Verständnis. Raumgebend. Verzeihend. Mut. Hoffnungsvoll. Innig. Gemeinsam. Miteinander. Umarmend. Beistehend. Herz. Bauchverstand. Herzrasen. Mitfühlend. Zweifellos. Geschichtsträchtig. Ewig. Vereint. Nebeneinander. Rückhalt. Wärme. Geborgenheit. Verbunden. Wir. Du.

Dein Leben ist eine Modenschau.
Nichts weiter.
Du stakst über die Bühne deiner kleinen Welt und zeigst von dir nicht mehr, als man dir vorgibt zu sein.
Das Scheinwerferlicht ist der Blitz deiner eigenen Kamera und erleuchtet nur dein geschminktes Gesicht.
Du läufst durch dein Leben.
Nach einer Choreographie die nicht deiner selbst entstammt.
Immer geradeaus.
Dreh dich im Kreis.
Zeig uns was du nicht bist.
Dreh dich im Kreis und trete den Rückzug an.
Spürst du die Fäden die dich ziehen und verführen?
Spürst du die Worte die dich dazu treiben mehr zu zeigen.
Worte die dich nicht antreiben, aber auch nicht vertreiben.
Tritt ab.
Geh von der Bühne fremder Leute.
Verlass das weiße Zelt.
Verlass diese verlogene Welt.
Willst du nicht mehr sein?
Kannst du nicht mehr sein?
Solltest du nicht mehr sein?
Dein Leben ist eine Modenschau, aber was passiert mit dir, wenn das Licht erlöscht.
Was bleibt von dir, wenn die Party vorüber ist?

Dein Leben ist eine Modenschau, aber was passiert mit dir, wenn das Licht erlöscht.

Ihr glaubt ich rede, doch es ist bloß Lautmalerei. Im Nachahmen von Tönen war ich immer gut. Doch ich bin und bleibe ein Stillleben.

Ich bin fraglos.

Also frag.

Los.

Das Problem mit den Löchern die man in die Luft starrt ist ja, das man sie nicht mit Leben füllt.

Sicher ist kein Ort.

Sicher ist ein Mensch.

Welches Bild hast du im Kopf?

Lass uns gemeinsam jedem Zweifel widersprechen.

Zeigst du mir jene Geheimnisse die du dir selbst kaum zu zeigen wagst?

Denn eine gemeinsame Körpersprache lässt sich auch im Stillen gegenseitig verstehen.

Nur die wenigsten gehen tatsächlich eine Symbiose ein.

Selbst im größten Zweifel verliert sich das Empfindungsvermögen nie.

Lass uns alle Zeiten überdauern.

Das Zuhause ist ein Herzschlag.

Weil ich dich schlafend ohne Langeweile betrachten kann.

Weil wir uneigennützig auch die wirklich guten Momente teilen.

Denn wenn Liebe eine Krankheit ist, dann bist zu mein Symptom.

Du öffnest Türen in mir von deren Existenz ich vorher gar nichts wusste.

Lass uns beim Küssen die Welt leiser drehen.

Wenn ich neben dir einschlafe ist mein Gehirn leiser als dein Herz.

Dort mit dem Kopf auf deiner Schulter, ganz dicht an deinem Hals, zwischen Puls und Atem fühle ich mich am wohlsten.

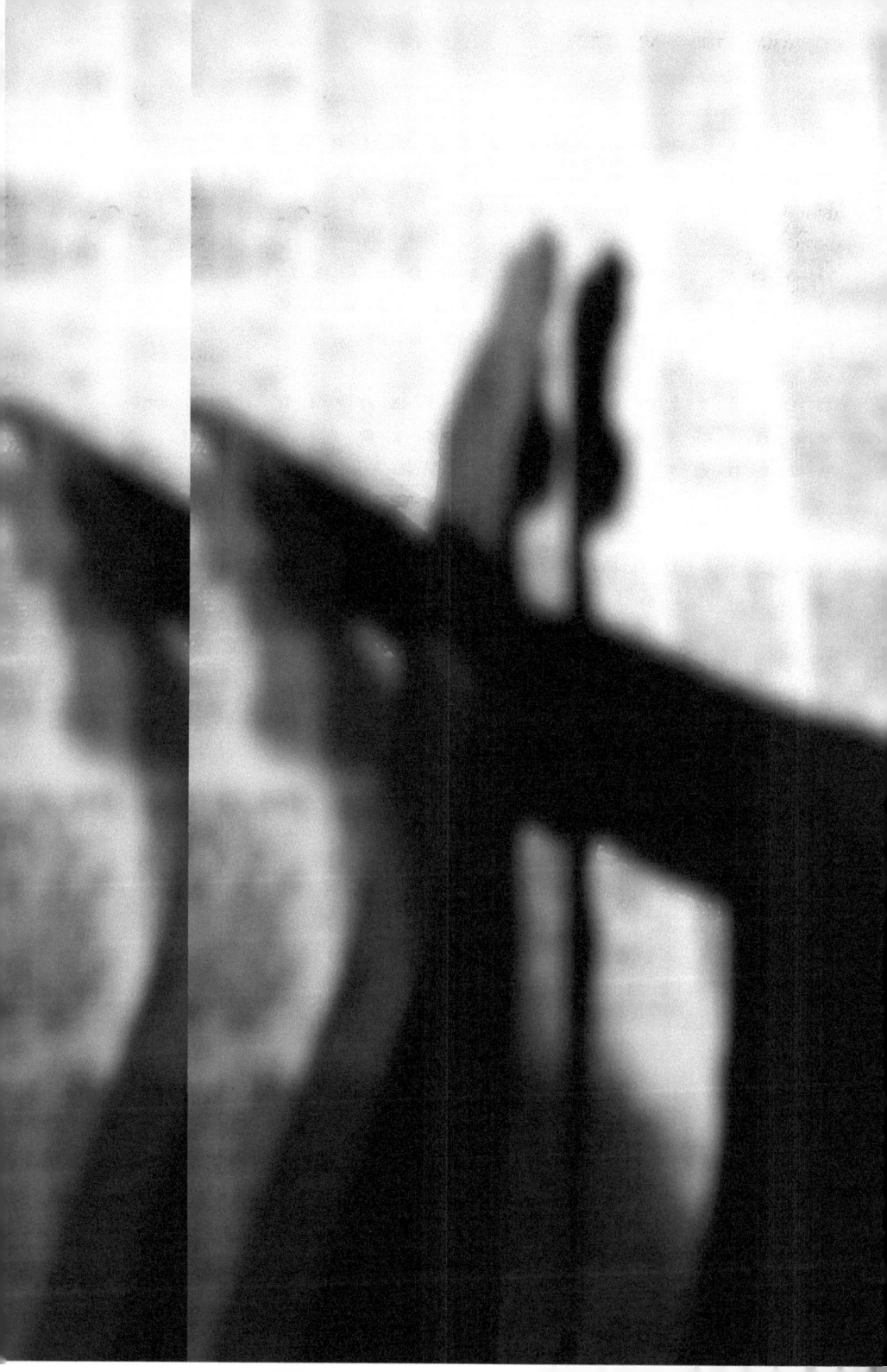

Drehen

wir um ab oder auf?

Ich müsste viel öfter hier auf der Mauer sitzen, denke ich. Ich müsste wirklich öfter einfach nur hier auf der Mauer sitzen und die Wolken beobachten. Und du, du solltest viel öfter genauso wie jetzt neben mir sitzen, denke ich.
Aber ich sage nichts.
Dass du unser Schweigen magst, sagtest du und dass ich manchmal für ganz normale Situationen so schöne Worte finde sagtest du auch.

Ich müsste wirklich öfter einfach nur hier auf der Mauer sitzen und die Wolken beobachten.

Ich sollte wirklich viel öfter hier mit dir sitzen und zusammen mit dir die Menschen beobachten. Hier mitten in der Stadt und doch überhaupt nicht mitten drin.
So wie damals, als du hier noch genau neben mir gesessen hast, denke ich.
Damals, als du noch da warst.
Damals ist aber schon so lange her und auch die Häuser die jetzt hier stehen, die Häuser mit ihrer grellen Leuchtreklame, die gab es da noch nicht.
Die hätten dir gefallen, denke ich.
Du mochtest dieses bunte Leben.
Ich nicht so, aber ich mochte das Leben mit dir.
Hier in dieser Stadt.
Aber dann sind wir wo anders hin.
Hier hält dich nichts mehr, hast du gesagt. Und mich, mich hätte hier ohne dich auch nichts gehalten, also kam ich mit.
Mit in diese andere, neue Stadt.

Gefallen hat es mir dort nie. Dir glaub ich auch nicht, aber gesagt hast du nie etwas.
Wir hätten, als wir damals noch hier lebten, viel öfter einfach mal hier sitzen sollen.
Hier an diesem See.
Es ist so schön ruhig hier, hier ein Stück weit weg von der lauten Stadt, aber wir sind hier nur selten gewesen. Ab und zu sind wir mit dem Auto an dieser Stelle vorbeigefahren. Wobei du meistens gefahren bist. Männersache wäre das, hast du gesagt.
Und ich habe gelächelt. Denn du mochtest es, wenn du mich beschützen und der starke sein konntest. Und ich habe gelächelt, weil ich es mochte, dass es dir gefällt.
Und jetzt sitze ich hier, hier wo wir hätten öfter sitzen sollen.
Ich bin alleine hier hergekommen.
Ohne dich. Und jetzt wo ich hier bin, weiß ich gar nicht mehr so richtig warum ich das gemacht habe.
Ich dachte, ich könnte noch einmal alles nachempfinden. Ich hatte gehofft, dass die Stellen, die du einst gemeinsam mit mir berührt hast, eine Zeitmaschine beinhalten und mich dahin zurück bringen, in eine Zeit in der ich so glücklich war, nur indem ich sie berühre.
Ich habe gehofft, dich hier zu finden, auf den alten Straßen, die nicht mehr die alten Straßen sind, sondern neue, mit neuen Häusern und neuem Asphalt.
Wer weiß, vielleicht kann ich dich deswegen nicht mehr fühlen, denke ich, vielleicht ist unsere Vergangenheit genauso eingerissen wurden, wie die alten Häuserfassaden.

Und es wird mir ein bisschen schwer ums Herz, weil ich vermisse und etwas suche, das unauffindbar ist.
Ich suche dich und du bist nicht hier, das weiß ich.
Auch unsere Vergangenheit kommt nicht zurück.
Ich sitze hier auf der Brücke und blicke auf den Fluss, in dem wir damals zusammen baden waren, damals als man es noch durfte. Heute steht hier ein Schild mit Baden verboten.
Und ich erinnere mich an all das zurück und plötzlich fällt mir auf, ich hätte dich gar nicht suchen müssen, denn ich habe dich überhaupt nicht verloren. In meinen Gedanken und in meinem Herz da bist nur du.
Auch wenn sie dich geholt haben, die Männer mit der Trage, nachdem ich sie gerufen habe. An diesem Tag. An deinem letzten Tag.

Und es wird mir ein bisschen schwer ums Herz, weil ich vermisse und etwas suche, das unauffindbar ist.

**Diese
Nacht
hat
nichts
von
Asphaltromantik.**

                                        Es
                                        ist
                                        zu
                                        kalt,

sie
zu
betrunken,

                                        die
                                        Strumpfhose
                                        hat
                                        ein
                                        Loch

und
er
ist
weg.

                                        Ohne
                                        sie.

Du kennst all diese Enden bereits.
Hast sie oft genug gesehen.
Hast sie definiert und enträtselt und hingenommen.
All diese Enden, die sich ungefragt in dein Leben geschlichen haben und dann deine Aufmerksamkeit forderten, als hätten sie jedes Recht der Welt dazu.

Du hast davon so genug.
Genug von jedem gelogenen Lachen das du dem jeweiligen Abschied entgegen geschleudert hast.
Genug von all den verzeihbaren Fehlern, die am Ende doch nie verziehen wurden.
Genug von dem unbedachten rumgemache, das dich schon zu oft mehr als bloß eine Nacht gekostet hat.
Genug von dem hastigen nach Atem greifen, bei jedem unvorhergesehenen Ende.
Da ist schon wieder dieser düstere Klang vom Untergang, der sich in deinem Kopf als Endlosschleife abspielt und nicht aufhört dich daran zu erinnern, dass alles sein Ende findet.
Du befindest dich längst erneut in deinem ganz persönlichen Abseitsgeschehen.

Doch da ist noch ein bisschen Mut.
Da ist noch ein wartender Anfang.
Da ist noch ein neuer Versuch.
Da ist noch ein bisschen Platz in dir übrig.

Und ein hibbeliges Herzflattern breitet sich in dir aus, wenn du vor ihm stehst.

Das letzte Ende liegt schon so lange zurück.
Viel zu lange um mit dem neuen Anfang noch länger zu warten.

Arme auf.
Herz auf.
Neuer Versuch.
Noch einmal.

Wovon hält dich deine Angst ab?

Ahead of time.

**Sie passt auf.
Sie passt sich an.
Sie passt nicht dazu.
Sie passt.
Und setzt eine Runde aus.**

Sie ist immer all das was sie gerade zu sein hat. Aber hat sie das? Und was hat sie davon?

Nett. Freundlich. Herzlich. Gutmütig. gutherzig
Hilfsbereit. Beiseitestehend. Einspringend.
Offen. Extrovertiert. Übersprudelnd. Mitreißend.
Nachsichtig. Verzeihend. Nachgiebig. Friedvoll.
Introvertiert. Schüchtern. Zurückhaltend.
Rücksichtslos. Egoistisch. Rechthaberisch.
Oberflächlich. Arrogant. Selbstbezogen.
Tiefgründig. Nachdenklich. Forschend.
Aufmerksamkeitsfordernd. Ausbrechend.
Ideenreich. Spontan. Kreativ. Verrückt.
Abenteuerlustig. Abwechslungsreich. Frech.
Ausgeglichen. In sich ruhend. Entspannt.
Missgünstig. Eifersüchtig. Neidvoll. Reudig.
Rückschrittig. Altmodisch. Konservativ.
Schüchtern. Unsicher. Abwartend. Angepasst.
Eigenständig. Unabhängig. Selbstsicher.
Dreist. Forsch. Heftig. Fordernd.
Unanständig. Vulgär. Freizügig. Preisgebend.
Schludrig. Chaotisch. Durcheinander.

Du kannst dich auf jede Bühne der Welt stellen, dass heißt noch lange nicht, dass dich irgendjemand sieht.
Und vor allem heißt das nicht, dass dich dieser eine Mensch betrachtet, der einzige der für dich zählt.
Du kannst dich nackt ausziehen und anfangen deine Angst aus dir herauszutanzen, doch das ist noch lange keine Garantie, dass man dich erkennt.
Deine Haut gibt nichts Preis und deine Bewegung kann die Angst nicht alleine besiegen.
Du kannst dich zeigen und präsentieren und verkaufen, doch trotz allem ist das kein Versprechen, dass du beachtet wirst.
Und wenn dann mit aller Wahrscheinlichkeit von den komplett falschen Leuten.
Du kannst umgeben sein von tausenden Menschen, doch du kennst das Gefühl der Einsamkeit, wenn diejenigen nicht dabei sind, mit denen du dich verbunden fühlst.
Fremde Menschen können so sein wie fremde Orte.
Sie können dich befreien.
Oder dich zu Tode ängstigen.
Und da du doch nach Anschluss suchst.
Anschluss zu egal was, solange da bloß eine Verbindung ist, eine Verknüpfung, wird dich eine fremde Masse niemals glücklich machen.
Du kannst dich verschleiern oder enthüllen.
Du kannst es dir versprechen oder dich bei jedem Wort versprechen.

Denn du musst deinen Fixpunkt finden und dieser liegt nicht im Mittelpunkt.

**Lautlos.
Sei laut.
Los.**

Sie ist nicht anständig.

Sie stellt sich nicht an.

Nicht bei Dingen.

Nicht in Schlangen.

Sie nimmt sich was sie will.

>>Ich fühle mich nicht so gut<<, sagte die Nachrichtensprecherin an diesem Morgen.
>>Es wird alles gut werden<<, antwortete ihr jemand, wie jeden Tag.
Sie lächelte und stellte sich vor die Kamera.
Es knallte und die Nachrichtensprecherin wurde zu ihrer eigenen Nachricht.
Auf ihrem Grabstein steht, ich hatte doch gesagt, ich fühle mich nicht so gut.

>>Wir haben keinen Ersatz<<, flüsterte der Arsch vom Dienst.
>>Das interessiert mich genauso wenig, wie wenn in China ein Sack Reis umfällt<<, sagte der Produzent der Sendung.
Und in China fiel ein Sack Reis um.
Traf einen Eimer voll Wasser und das lief nun in die Stromleitung.
Es knallte und die Nachrichtensprecherin hätte heute darüber berichtet, nun gab es keinen Ersatz und in China brannte die Fabrik in leuchtenden Farben.

Die Sprecherin der Spätnachrichten muss nun Doppelschichten schieben und sagt zu dem Überbringer der schlechten Nachrichten >>Ach fick dich doch<<.
Der Überbringer dachte, >>eine Liebeserklärung klingt anders<<.
Aber immerhin sieht er sie nun zweimal täglich.
Er liebt sie doch schon seit drei Wochen.

>>Wir können nicht noch mehr solcher Vorfälle dulden, wir finden jetzt schon keinen Ersatz mehr und der Ruf des Senders steht auf dem Spiel<<, sagte einer der Geschäftsführer.
>>Die Menschen können mit der Wahrheit einfach nicht umgehen<<, sagte der Vorstandsvorsitzende.
>>Ab jetzt wird es keine Wahrheiten mehr geben<<, sagte der Inhaber.

Seit diesem Tag gibt es nur noch Reality-Script Nachrichten und seitdem ist die Selbstmordrate der Nachrichtensprecherinnen vollständig zurückgegangen.

Die Welt liegt in Trümmern und wir wünschen Ihnen noch eine angenehme Nacht.

Aber wenn du für sie so anders werden musst. So anders, dass du dich selbst nicht mehr erkennst, dann kannst du gehen. Dann ist das keine Liebe.

Was stand in den Briefen, die du nie abgeschickt hast?
Wovon träumst du nachts und wovon am Tag?
Wo standest du letztes Jahr? Auch schon hier?
Welche Straße gehst du lieber nicht entlang?
Wann hältst du inne?
Magst du lieber den ersten Satz oder den letzten?
Wohin gehst du, wenn kein Ort der richtige ist?
Wer hält dich warm? Von innen und außen.
Womit gibst du dich zufrieden? Und warum?
Was hält dich auf?
Wie wichtig ist dir Distanz? Und wie wichtig Nähe?
Wie viele Freunde hast du?
Und wen rufst du nachts an, wenn du Angst hast?
Wer kennt dich?
Willst du das man dich erkennt?
Welcher Kuss war der beste deines Lebens?
Magst du die Dunkelheit? Oder macht sie dir Angst?
Wie stark sind deine Nerven?
Was bringt dich zur Verzweiflung?
Schläfst du nackt?
Oder fühlt es sich dann auch genauso an? Wäre das schlimm?
Wer hält deine Hand und bei wem willst du bleiben?
Kannst du vertrauen?
Kannst du lieben?
Willst du bleiben?
Wie viel kannst du ertragen? Und glaubst du, dass immer noch ein bisschen mehr geht?
Halb voll oder halb leer?
Hast du schon mal gehasst?

Immer bloß Fragen stellen, wenn du die Antwort schon kennst. Immer bloß Antworten, wenn keiner mehr fragt.

Hast du dir selbst schon mal ins Herz gesehen?
Hast du dich erkannt?
Hattest du den besten Tag deines Lebens schon?
Macht dich das traurig?
Glaubst du an die Liebe auf den ersten Blick?
Oder hältst du das für ein Gerücht?

Welche Fragen stellst du nicht?

Welche Antwort gibst du nicht?

Tun dir manche Worte weh? Willst du sie trotzdem hören?
Hörst du hin?
Siehst du hin?
Wie viel kannst du fühlen?
Nimmst du genügend Raum ein? Wie viel ist das?
Was bedeutet Zeit für dich?
Bist du erwachsen?
Wie alt ist dein Herz?
Wann hast du das letzte mal, etwas zum ersten mal gemacht?
Wohin verrennst du dich?
Welche Fragen stellst du nicht?
Welche Antwort gibst du nicht?

Bist du verwundbar oder unkaputtbar?

Liegen deine verlorenen Gedanken im Fundbüro oder auf dem Schrottplatz?

Noch Ausnahmezustand oder Alltag?

Kuschelkurs oder Börsenkurs?

Meeresboden oder himmelhoch?

Traumtänzer oder Traumverwirklicher?

Entscheidungsscheu oder Experimentierfreudig?

Sinnbehaftet oder doch lieber die Einfachheit?

Demaskieren oder verkleiden?

Fällt der Groschen oder du?

Ich kann keinen Anfang finden.

Ich kann nicht immer lächelnd über das hinwegsehen, was ihr mit eurem nicht Wissen vermeintlich zu wissen glaubt.
Ich kann nicht mehr und das Meer tobt, während ich denke, komm schon Mädchen, denk mehr.
Ich kann nicht durch Wände sehen und nicht durch Lügen, Herzen, Seelen und Situationen.
Ich kann nicht rennen, weil die Schuhe durchgelaufen sind, die mich eigentlich tragen sollen und mich nun auf dem blanken Asphalt im Stich lassen.
Ich kann nicht alles gleichzeitig.
Himmel, ich kenne den verdammten Zaubertrick nicht, bei dem man den Körper in tausend Teile teilt und am Ende trotzdem ein ganzes bleibt.
Ich kann nicht für alles offen sein und trotzdem dicht.
Ich kann nicht still sein, wenn alles andere um mich herum so laut ist und ich kann nicht reden, wenn jeder es von mir verlangt.
Ich kann nicht fliegen und wenn, dann nur gegen die Wand.
Ich kann nicht immer in die Gesellschaft passen.
Ich kann mich nicht anpassen und ich kann nichts dafür das ich ständig etwas verpasse und dann verpasse ich auch noch die Gelegenheit, bestimmten Menschen einfach mal eine zu verpassen.
Ich kann nicht Atmen, weil meine Lunge mir über Nacht geraubt und durch etwas ersetzt wurde, das nur so tut als ob.

Ich kann mir kein süßes Mädchenlächeln ins Gesicht malen, weil ich aus ihm herausgewachsen bin, genauso wie aus meinem Lieblingspullover in Größe 164.
Ich kann keine Prinzessin sein, denn irgendwann habe ich begriffen, Prinzessinnen sagen niemals »nein«.
Ich kann nicht die perfekte Hausfrau, Freundin, Gesprächspartnerin, Frau sein, weil Fehler zu meiner Persönlichkeit gehören. Fehler machen ist mein Wesenszug.
Ich kann nicht davon ausgehen, dass die Konkurrenz schläft, denn sie leiden unter den selben Schlafstörungen wie ich.
Ich kann nicht immer 200% geben, ich muss meinen Akku auch ab und an mal aufladen.
Ich kann nicht dem Mond befehlen abzunehmen, nur weil ich bei Vollmond nicht schlafen kann.
Ich kann nicht gleichzeitig vorausschauend sein und im hier und jetzt leben.
Ich kann nicht aus mir herauskommen und gleichzeitig in mir ruhen.
Ich kann keine Gedanken lesen, nicht einmal meine eigenen.
Ich kann nicht hören, weil meine Ohren verstopft mit Wortmüll sind, den mir fremde Menschen jeden Tag durch die Gehörgänge schieben.
Ich kann nicht alles erkennen, nicht alles verstehen, übersehe Zusammenhänge und hänge unzusammenhängend in der Gegend rum.
Mein Körper baumelt an losen Fäden neben meinem Verstand unfähig sich zusammen zu setzten und ich kann mich nicht mit meinem Körper und meinem Verstand zusammen setzen um über unsere Konflikte zu sprechen.

Ich kann keinen meiner eigenen Gedankensätze beenden.
Ich finde immer nur ein Komma und ein Komma und ein Komma, aber niemals einen Punkt.
Ich kann keinen Punkt setzen, denn er würde einen stechenden Schmerz in mir hervorrufen und ich kann keine Schmerzen ertragen, die ich umgehen kann.
Und ich kann nicht damit umgehen, wenn man nicht nicht mag.
Und ich kann nicht umgehen, dass es immer Menschen geben wird, die das nicht tun, also, mich mögen. Und ich kann nicht alle mögen, denn das wäre auch langweilig.
Ich kann nicht.
Ich kann einfach nicht.
Denn weißt du was? Dafür kann ich mich jetzt selbst mal.
Denn es ist auch okay, mal nicht zu können.

Deswegen kann ich auch kein Ende finden.
Denn es gab ja auch keinen Anfang und wer braucht da schon ein Ende?

Unerkannt

Du enttarnst mich.

Eine vergessene Rose.
Abgelegt. Beiläufig. Unbedeutend.
Wer verschenkt Blumen
ohne Bedeutung?
Wer vergisst ein Geschenk?

>>Damals<<, sagst du, >>damals, als man noch kostenlos atmen durfte<<, sagtest du, während du einen neuen Atemzug aus der Tüte nimmst.
>>Sie schmeckten auch mal besser, diese Atemzüge. Sie waren mal freier und schmeckten wie die ersten Küsse<<, sagtest du und nahmst einen weiteren.

Für die Zeit zahlen wir doch alle längst.

>>Hätten sie doch bloß niemals Wasser privatisieren lassen, dann könnten wir noch heute ans Meer fahren<<, füge ich hinzu.
>>Ja, das Meer. Ich weiß gar nicht mehr wie sich das eigentlich anfühlt. Heute habe ich schon genug Schwierigkeiten mit dem Luft-holen, manchmal verlaufe ich mich auf dem Weg dahin und dann wird die Zeit ziemlich knapp. Warte ab, bald müssen wir die auch noch bezahlen<<, fügst du hinzu.
>>Ach, für die Zeit zahlen wir doch alle längst. Jeden Tag ein bisschen und irgendwann sind all unsere Konten leer, alle Atemzüge aufgebraucht und das Herz klappert nur noch müde vor sich hin, bis es sich selbst auf Stand-bye setzt.<< Während ich das sage, brauche ich drei Atemzüge und spare mir den Rest meiner Ansprache lieber, weil es Ende des Monats ist und ich mir schon lange keine Sorgen mehr über einen gefüllten Kühlschrank mache, denn wenn dir erst mal der Atem stockt, weißt du was im Leben wichtig ist.

>>Warum sind wir eigentlich nie auf die Straße gegangen, um dagegen zu demonstrieren<<, fragst du.
>>Auf die Straße? Das können wir uns doch gar nicht mehr leisten, die LKW Maut habe ich noch verstanden, die für PKWs, naja, aber für Fußgänger? Immer diese Schleichwege, ich werde älter und mir tun die Füße weh.<<
>>Früher hatte ich immer Angst vor der Zukunft, flüsterst du mit scheuen Gesten. >>Aber heute<<, fügst du etwas lauter und verärgert hinzu >>habe ich Angst um die Zukunft.<<
>>Zukunft<<, sage ich und fange beinahe an zu lachen und dann doch nicht, weil die Zukunft uns nicht mehr gehört und denen, die jünger sind als wir, eigentlich auch nicht. Die großen Firmen haben ihre Hand zuerst erhoben, als es um die Verteilung ging und haben den Zuschlag darauf bekommen, sie verteilen die Zukunft in kleinen Dosen und niemand weiß wie groß der Vorrat bei ihnen noch ist und wer den nächsten Monat noch etwas abbekommt. Aber das sage ich nicht, weil ich keine Ängste schüren will und weil ich nur noch einen kleinen Rest in meiner Tüte voller leerer Atemzüge habe und weil ja Ende de Monats ist und weil für Gefühle schon lange kein Geld mehr da ist, denn die kann man sich heute kaum noch leisten. Liebe, Glück, Freude und Zuversicht sind schon lange Teil der Quängelware an der Supermarktkasse, lediglich Angst, Verzweiflung und Hass gibt es noch umsonst und auch darüber gibt es bereits Debatten in denen darüber diskutiert wird, ob das nicht auch verändert werden müsste und diejenigen die dort diskutieren haben einen riesigen Vorrat an Atemzügen und wir sitzen hier und teilen die letzten auf, in der Hoffnung das es reicht. Noch einmal.

Nicht die Tiefe ist gefährlich, sondern die Oberfläche.

Enttäuschung ist doch bloß die Enthüllung der Täuschung.
Da, blickt der hässlichen Wahrheit ins Gesicht.

Es ist noch Schnee von Gestern da, den kannst du dir ja aufwärmen.

Und du fragst mich, was es heute Abend zu essen gibt und ich sage: >>Es ist noch Schnee von Gestern da, den kannst du dir ja aufwärmen.<<

Aber du schmierst dir lieber ein Brot mit Durchschnitt anstatt mit Aufschnitt.

Durchschnittlichkeit ist zu unserer Überlebensformel geworden. So können wir wenigstens einigermaßen zufrieden mit dem sein, was wir noch sind.

Morgens nehmen wir ein Bad mit Normalitätsöl, dass uns in die Poren sickert und uns versichert, dass alles, so wie es ist, in Ordnung ist. Wir atmen die ätherischen Öle ein, wie andere Leute Sauerstoff und machen dabei den Kopf zu und das Licht in unseren Augen aus.

Voll okay und voll normal.

Du nimmst das Auto und ich die Straßenbahn. Ganz normal wie jeden Tag.

Ich höre die Geschichten der anderen Leute, die mich kein einziges Mal fragen, ob ich ihren Müll überhaupt hören will und du lauscht der Musik, die dir von einem besseren Leben erzählt.

Du kommst nach Hause und ich noch lange nicht, aber das macht ja nichts.

Du schaust nach links und ich nach rechts und was wir sehen gefällt uns nicht.

Du schaust nach rechts und ich nach links, doch es ergibt trotzdem kein besseres Bild.
Denn so wollen wir nicht sein und so auch nicht und so schon mal gleich gar nicht.
Und dann blicken wir einfach mal geradeaus.
Sehen unser Spiegelbild.
Du ein bisschen mehr von der rechten Seite und ich ein bisschen mehr von der linken und das was wir da sehen, kotzt uns irgendwie genauso an.

Wenn du wirst wie andere dich haben wollen, mögen dich am Ende Menschen, die dich nicht mögen sollten.

Wenn du mich bloß wie die Blüten einer Rose liebst, was begehrst du dann im Winter?

Kennst du das Gefühl, wenn die Welt sich um dich herum immer schneller zu drehen scheint.
Wenn all die Auswahl dich schwindlig werden lässt.
Und selbst einen einfachen Kaffee zu bestellen dich acht Fragen beantworten lässt?
Wenn du anfängst nicht mehr zu wissen was du überhaupt noch glauben sollst?
Wenn dich das Gefühl überkommt mit jedem Wort das du hörst, mit jedem Modell das du erlernst, am Ende bloß noch weniger zu verstehen?
Wenn sich immer seltener dein Wissen bündelt um auch wirklich alle Zusammenhänge zu sehen?
Und du drehst dich.
Im Kreis.
Und die Umwelt verschwimmt.
Reißt jeden deiner Gedanken mit sich.
Da steigt ein bitterer Geschmack in deiner Kehle auf.
Du kannst ihn nicht herunterschlucken und ausspucken funktioniert auch nicht.
Und da ist ein Kribbeln in deinem Bauch.
Aber dir ist nicht schlecht.
Du bist eher aufgeregt.
Eher euphorisch.
Willst doch alles sehen, alles erleben, alles mitnehmen.
Willst all die Möglichkeiten sichtbar machen, dich selbst auch und dein Leben ohnehin.
Und dann bleibst du trotzdem einmal stehen und endlich wird es einmal still.
Um dich herum und vor allem in dir drin.

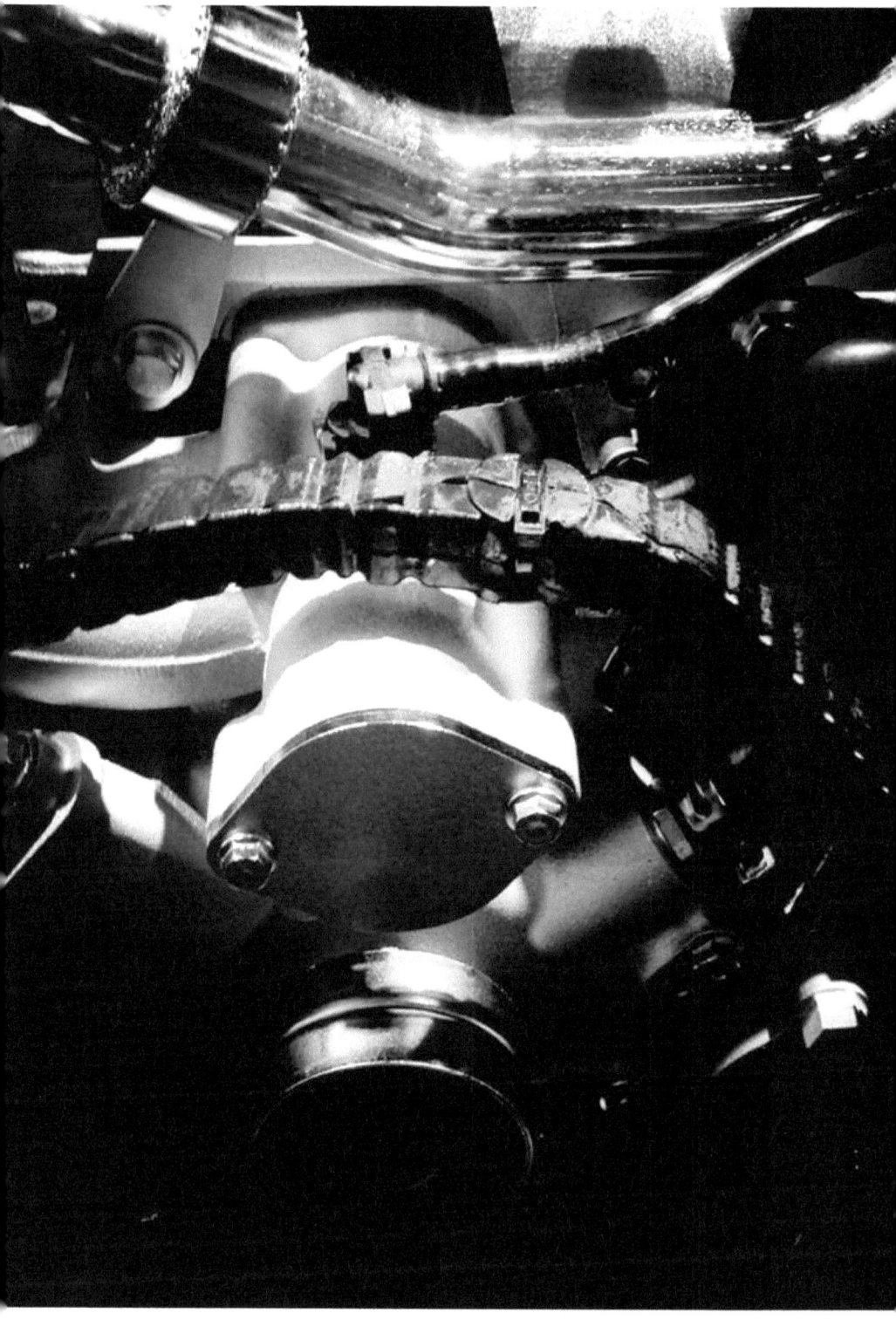

Was treibt deinen Motor an?

Mit ihm ist es auch nach Jahren noch so echt wie am Anfang.
Sie treffen täglich erneut ihre Wahl füreinander.
Denn sie findet bei ihm Klarheit in seiner Wahrheit und sie widmet sich ihm immer mit ausgeprägter Geborgenheit.
Mit ihm wird schlafen für sie zu nichts weiter als lästige Pflicht, denn gemeinsam ist ihre Realität längst traumschön.
Sie beide sind immer mehr aktiv als passiv.
Und all ihre nie endenden guten Tage brauchen sie nicht sicherheitskopieren, denn der nächste folgt bereits auf den eben vergangenen.
Aufrecht und aufrichtig stehen sie zueinander auch am aller schwärzesten Tag, der natürlich irgendwann auch einmal ihr Leben streift.
Keine Macht dem Zweifel, der an viel zu vielen nagst.
Denn sie, sie werden immer Teil der Lösung sein und teilen jedes Problem.

Ich will
mit dir
vor lauter
Lachen
weinen
können.

Diesen einen ohrenbetäubenden Moment haben sie sich redlich verdient.
Dieses wüste Mauern einreißen, nach all den Jahren des strebsamen Aufbaues von Grenzen nach innen und außen.
Alles liegt in Schutt und Asche.
Wartet auf den längst fälligen Wiederaufbau.
Stein um Stein errichten sie ihre gemeinsame Festung.
Mit offenen Türen und großen Fenstern.
Um Haaresbreite hätten sie erneut ein Ende definiert.
Schien es doch so unausweichlich.
So absolut vorhersehbar.
Sie, so voreinander stehend mit Absperrband ums Herz.
Aber sie haben all die Enden schon allzu oft gesehen.
Ihre Namen im Abspann in unendlich vielen Kurzfilmen mit bedauern verzeichnet.
Doch ihr Lächeln war unermüdlich.
Ihr aufeinander zugehen, schleppend.
Der Blick aufeinander stets unerlässlich.
Und dann das erst langsame und dann brachiale einreißen der Mauern.
Dieser eine ohrenbetäubende Moment.

Die meisten Menschen gehen keine Symbiose ein.
Ich meine, damit eine Gleichung.
Das ist absolut nicht das selbe wie eine Abhängigkeit.
Ich glaube, das zwei Menschen eine Symbiose nur dann miteinander eingehen können, wenn sie gänzlich unabhängig voneinander sind.
Wenn sie sich ergänzen anstatt sich zu ersetzen.
Wenn sie sich einfügen anstatt übereinander zu verfügen.

Ja, du solltest dich trennen, wenn das Zusammensein Akkordarbeit gleicht und euer Schlafzimmer schon lange zu einem Alles-egal-Areal erklärt wurde, weil der einzige heiße Sex bloß noch unter der Dusche stattfindet.
Wer bloß austauschbare Banalitäten teilt, sollte mehr als Worte austauschen.
Was wurde bloß aus all euren Liebesbriefen, enden sie schon längst in eiskalten Anklageschriften?
Ja, du solltest dich trennen, wenn sich ein Entfernungsproblem einschleicht, das sich nicht in Kilometern begründet.
Ja ich weiß, Entfremdung ernüchtert.
Doch fungiert ihr bloß noch als bespaßer.
Doch flüchtet ihr längst in Zerstreuung.
Dann.
Dann solltet ihr euch trennen.
Ja, du solltest dich trennen, wenn ihr euch schon vor langer Zeit auf und davon geliebt habt.
Wenn alle Gesten entromantisiert sind.
Ja, du solltest dich trennen, denn diese Trennung wird eure Ausgangssituation sein.
Ein Notausgang.
Hinter dem auch für euch ein neuer Anfang wartet.

Wovor hast du Angst?
Wovon hält dich deine Angst ab?
Und was macht dieses Wissen mit dir?
Grummelt es bei dir im Bauch und Kopf und Herz?
Ist es schon die Angst vor der Angst?
Oder versteckt sie sich noch hinterrücks?
Die Angst vor deinen eigenen Zweifeln, lässt sie dich verzweifeln?
Was ist das überhaupt, diese Angst?
Mehr als ein Gefühl oder weniger?
Etwas das dich prägt und noch bewegt?
Oder lässt sie dich im Stillstand starr vor Schreck zurück?
Wer bezwingt deine Angst?
Ist es noch wer anderes oder bist es bereits du?
Und Angst.
Angst ist immer mehr als nur ein Wort.
Ist bebender Atem.
Wild klopfendes Herz.
Erstarrte Glieder.
Flucht im Kopf und geballte Faust.
Ist wirrer Blick und pulsierender Puls.
Ist Leben und Ende im selben Moment.
Aber vielleicht hast du deiner Angst auch schon befohlen schnell und mit Gewalt zu kommen. Heftig und hart. Der Atem stoßartig. So dass der Moment nicht lange bei dir verweilt.
Denn Angst ist etwas das vergeht, wenn du entscheidest dagegen anzugehen.

Geht es dir um die Bewegung oder das um das bewegt werden?
Weil dich ja beides irgendwie von einem Ort zum nächsten bringt.
Geht es dir überhaupt um diesen neuen Ort?
Oder geht es dir eigentlich bloß um die Bewegung.
Darum das du dich überhaupt bewegst.
Ganz gleich wohin.

Da ist Hoffnung in dir und die wirkt wie Adrenalin und beruhigt dich wie ein gutes Antidepressivum.
Du fragst dich, wie so oft ob Amor nicht längst an eurer Unfähigkeit verzweifelt ist.
Und du zweifelst auch, aber du hoffst. Du hoffst noch immer so wie ein hoffnungsloser Fall.
Du hast schon so oft die Suppe versalzen, damit er deine Liebe schmeckt, nur gesagt hast du nichts.
Dein Empfindungsvermögen liegt im Klinsch mit deiner Angst.
Und jeder weiß, Liebe und Angst bilden immer eine Wechselwirkung.
Und du fragst dich, will er dich nicht lieben oder kann er nicht?
Und du fragst dich, kann man eigentlich auch zu sehr lieben?
Dann denkt sie, vielleicht stehen wir ja auch an einem Punkt an dem man sich bereits zu sehr, und dennoch zu wenig mag.
Du bist es leid immer wieder nach einem Zugang zu suchen und am Ende bloß neue Ausgänge zu finden.
Alle deine Bemühungen waren schon lange keine Fehltritte mehr, sie glichen eher einem fehlgeschlagenen Marathon.
Und dann, eines Tages.
Wird dir klar.
Mit voller Kraft in Einbahnstraßen zu laufen.
Ist reine Energieverschwendung.

Ohne dich will ich nicht lieben!

Reicht es aus?
Oder machte es dich
glücklich?

Ist eine Wahl zu haben wirklich Freiheit?

Schränken uns die Auswahlmöglichkeiten ein?

Man findet niemanden dort.

Wo man ihn stehen gelassen hat.

Wenn einen etwas zusammenhält und man selbst nichts dazu beisteuern kann, handelt es sich dann trotzdem noch um Zusammenhalt?

Merkst du noch was?

Von allem zu viel vielleicht?

Zerbrich dir nicht den Kopf.

Hinterher schaffst du es vielleicht nicht mehr ihn wieder zusammen zu setzen.

**Vergiss nicht.
All das passiert gerade.
Dir.**

Du glaubst, dass dein Leben ist wie eine Rolltreppe. Das du dich bewegst, auch wenn du selbst im Stillstand verweilst. Aber du täuscht dich, wenn du glaubst, dass du im Leben einfach aufwärts fahren kannst ohne dich selbst zu bemühen. Ohne selbst voran zu gehen. Ohne deinen Beinen den Befehl zu geben weiter zu gehen. Denn wir können uns nicht verwurzeln wie es Bäume tun und dabei wachsen. Wir können nur Still stehen bleiben und dann kommst du nirgendwo an. Außer vielleicht an einen Ort an dem du gar nicht sein willst. Und vielleicht denkst du jetzt, mir ist der Ort an dem ich ankomme eben so egal, wie der Ort an dem ich gerade verweile. Doch egal ist die größte Lüge überhaupt. Egal ist gar nichts, bloß das was wir am liebsten erzählen um die Wahrheit zu bestreiten. Denn egal wäre leicht. Wenn es denn ein egal gäbe.

Sie hat keine guten Umgangsformen.

Sie hat gute Umgehungsformen.

Sie kann nicht gut
mit Menschen umgehen.

Sie kann gut
Mitmenschen umgehen.

Sie ist wie ein Palindrom.
Man kann sie sowohl vorwärts als auch rückwärts lesen.
Doch dann ergibt es einen völlig anderen Sinn.

Die Zeit.